FACULTÉ DE DROIT DE POITIERS

RAPPORT

PRÉSENTÉ A LA FACULTÉ

SUR UN PROJET D'ORGANISATION

DES

ÉTUDES DE LICENCE EN DROIT

FACULTÉ DE DROIT DE POITIERS

# RAPPORT

PRÉSENTÉ A LA FACULTÉ

SUR UN PROJET D'ORGANISATION

DES

ÉTUDES DE LICENCE EN DROIT

RAPPORT

PRÉSENTÉ A LA FACULTÉ

SUR

UN PROJET D'ORGANISATION

DES

ÉTUDES DE LICENCE EN DROIT

Le projet qui tend à développer, au sein des Facultés de droit, l'enseignement des sciences politiques et administratives répond à un vœu souvent exprimé par la Faculté de Poitiers. Il correspond à un développement des diverses parties de la science elle-même et à l'apparition de besoins nouveaux qui sont un des caractères de notre temps.

Le progrès scientifique a été très grand dans ce siècle. Il tient à la multiplicité des faits observés et au perfectionnement des méthodes d'observation. Une masse nouvelle de connaissances a été coordonnée et a trouvé ses lois. Aussi, plusieurs objets d'enseignement ont-ils été subdivisés en branches distinctes, tandis que prenaient naissance des sciences entièrement nouvelles.

Cela est frappant surtout dans les sciences physiques et natu-
relles. Plusieurs branches de connaissances, dont le nom était à
peine prononcé il y a quatre-vingts ans, ont constitué des sciences
ayant leur méthode et leur domaine propres. On a vu naître et
s'élever, on sait à quelle hauteur, la géologie, la chimie organi-
que, l'histologie, la physiologie expérimentale. Mais pour être
moins évidents et saisissables au premier aperçu, ces progrès et
ces transformations se sont aussi rencontrés dans les sciences
morales. Là, aussi, la recherche historique et l'observation économique des faits ont multiplié l'objet des études scientifiques.
Les méthodes se sont perfectionnées. Dans la connaissance de
l'histoire, comme dans la philologie supérieure, de grands progrès ont été accomplis et l'enseignement de la jurisprudence en
a reçu une impulsion nouvelle. Avant même que l'*histoire du droit*
eût obtenu dans l'enseignement sa place nécessaire, la richesse
plus grande des sources et la lumière projetée sur le développement et l'histoire des institutions européennes avaient exercé
une influence considérable sur l'exposition du droit romain et
sur l'entente des institutions civiles de la France.

Mais le progrès n'a pas été seulement indirect et comme la
conséquence du développement et de la rénovation des études
historiques et philologiques. Par des circonstances particulières,
le domaine de la jurisprudence elle-même s'est transformé et
agrandi. Quelques branches de la science ont acquis une importance subite et pour ainsi dire imprévue.

Les Codes du commencement de ce siècle avaient compris, à
la vérité, quelques règles de droit public sur la nationalité, sur la
capacité de droit qui serait accordée aux étrangers, sur la force
et l'autorité des actes ou des jugements émanés d'autorités étrangères. Mais la rapidité et la fréquence des relations entre des
individus appartenant à des nations différentes rendirent nécessaire de compléter et de coordonner ces quelques règles, de

reprendre des théories, autrefois approfondies par de très grands jurisconsultes et de les appliquer à des besoins nouveaux. La multiplicité des faits observés, la connaissance des législations étrangères sont venues féconder ces théories. Une science, sinon nouvelle, du moins renouvelée, a pris place dans l'enseignement sous le nom de *Droit international privé*.

La multiplicité des rapports entraînés par la transformation industrielle et économique devait amener une conséquence analogue. L'abondance de faits nouveaux et la nécessité de les coordonner entre eux, l'étude des lois spéciales qui les ont régularisés, ont fait se développer et s'accroître des branches distinctes de la science ; c'est ainsi qu'on a détaché du droit commercial l'ensemble des règles de la *législation industrielle* et, du droit administratif, la *science des finances*.

Or, dans le même moment que se produisaient ces développements scientifiques, des besoins propres à notre temps se faisaient jour. La participation toujours plus grande des citoyens au maniement des affaires et à la représentation des plus grands intérêts de l'État donnaient une portée nouvelle à l'étude du droit des gens, à celle de l'économie politique à celle du droit public et administratif. Les relations internationales débattues publiquement dans les assemblées, la formation des traités, les alliances qui ont pour objet le régime des grands fleuves ou qui règlent l'occupation par les nations civilisées de territoires inexplorés et de populations vivant encore au sein d'une barbarie primitive, les liens particuliers qui rattachent à une grande nation les pays placés sous son protectorat ont reporté l'attention vers la science du *droit des gens*.

D'un autre côté, les principes du droit public moderne, la forme même du gouvernement rendaient plus nécessaire la connaissance du *droit constitutionnel*, celle des principes du *droit public* qui domine les rapports du gouvernement avec les individus et les familles de l'État, celle enfin des règles suivant lesquelles le *droit administratif* assure les services généraux du pays ou influe sur les intérêts privés des citoyens.

Certes, aucune de ces branches de la science n'était nouvelle à proprement parler. L'étude du droit des gens avait été autrefois célèbre dans toutes les écoles du monde. Domat a donné, il y a deux cents ans, un modèle de l'exposition du droit public. L'économie politique avait été l'objet de travaux importants. Mais jamais l'utilité de cultiver toutes ces branches de la science du droit, de les coordonner entre elles, d'en assurer la méthode, d'en répandre la connaissance par l'enseignement, ne s'était révélée plus saisissante que dans ces dernières années.

La Faculté de droit de Poitiers donne donc son adhésion entière au principe de la réforme proposée par M. le Ministre de l'Instruction publique.

Elle applaudit également à l'idée principale qui a inspiré l'organisation proposée. Il faut, en effet, faire passer cette réforme dans les faits, l'adapter au cadre de l'enseignement des Facultés et lui appliquer la sanction nécessaire des examens. Il ne peut s'agir de créer seulement des enseignements nouveaux et de multiplier les chaires dans chaque Faculté. Il faut songer au but principal, l'accroissement des connaissances théoriques acquises par les jeunes gens qui en suivent les cours.

Pour qu'il soit atteint, il ne suffit pas que tous les domaines de la science soient enseignés ; il faut que l'enseignement puisse en être recueilli d'une façon profitable. Il est nécessaire que l'exposition de certaines parties de la science s'adresse à des esprits déjà formés par des études premières. Il faut que la branche spéciale qu'il s'agit de faire fructifier se relie à un ensemble de connaissances substantielles et primordiales qui lui serve, pour ainsi dire, de tronc et de support. Tous ces enseignements doivent donc être coordonnés entre eux et offrir, par leur succession et leurs rapports au sein d'une Faculté de droit, l'image d'un développement rationnel.

D'un autre côté, la multiplicité des enseignements, quel que puisse être le talent des maîtres, n'implique pas une augmentation parallèle et simultanée de la puissance intellectuelle et de l'aptitude d'apprendre de la part des élèves. L'émulation et l'activité scolaires peuvent, sans doute, obtenir davantage de l'activité intellectuelle et la rendre plus féconde; mais il y a des limites que ne peut dépasser, si ce n'est en cas de rares exceptions, la puissance absolue d'apprendre. Il faut ici tenir compte de l'âge des étudiants, d'ordinaire plus jeunes de nos jours que ceux d'autrefois. Il faut limiter le temps pendant lequel ils peuvent être retenus à l'Université pour un cours régulier d'études.

[Il faut songer, enfin, non seulement à la culture générale des esprits, mais encore aux services importants du pays : à l'administration, à la justice, à sa représentation dans les colonies, dans les pays de protectorat et à l'étranger.

Quelques-unes des branches développées sur le tronc commun des sciences juridiques auront plus particulièrement en vue certaines fonctions à remplir : celles-ci nécessaires à la protection et au jugement des intérêts privés; celles-là, plus importantes, à l'action administrative ou à la représentation des intérêts généraux du pays.

Dès lors un problème s'impose, tout le premier. Il faut, en dehors de tous les développements spéciaux, distinguer et délimiter un certain ordre de doctrines considérées comme essentielles et fondamentales, sans la connaissance desquelles l'étude du droit demeure stérile, et en dehors desquelles l'idée même de la science de la jurisprudence comme une connaissance acquise ne se concevrait pas. Celles-là devront être exigées de tous les étudiants en droit. En dehors de ces matières, d'autres études, des branches distinctes seront abordées et développées pour servir de complément aux premières ; elles seront réunies en deux groupes et cultivées suivant la tendance des esprits.

Le second problème sera de renfermer l'exposition de toutes ces branches de la science en un temps limité. La vie scolaire ne peut absorber une durée qui serait trop longue et s'étendre sur des années qui seraient trop nombreuses ; on ne peut astreindre à l'étude de toutes les branches de la science ceux qui se proposent une carrière spéciale et qui se préparent à une fonction judiciaire ou à une fonction administrative déterminée.

A une autre époque, on a cherché la solution de ce double problème dans une organisation qui séduit au premier abord. Elle consistait à instituer une licence commune, comprenant l'ensemble des connaissances considéréer comme essentielles et primordiales, et à créer ensuite deux groupes d'études conduisant à deux titres de docteur distincts, entre eux : l'un qui eût été le couronnement des études judiciaires ou juridiques proprement dites, l'autre qui eût été celui des études politiques et administratives.

Cette solution s'est heurtée à une difficulté très grave. Chacun des cercles d'études ainsi répartis exigerait une scolarité de cinq années. Pour beaucoup de fonctions, c'est une exigence rigoureuse. Beaucoup de jeunes gens ne peuvent être assurés par leur situation de famille ou de fortune de parcourir tout ce cercle d'études. D'un autre côté, le devoir militaire à accomplir viendra rendre difficile cette vie scolaire de cinq années.

Le but de diffusion des diverses branches de la science du droit serait manqué et l'extension de l'enseignement des sciences politiques et administratives rendue plus difficile, car le cycle entier de cinq années des études du doctorat ne pourrait jamais être parcouru que par un petit nombre de jeunes gens.

Ces inconvénients doivent se retrouver à un égal degré dans toute organisation qui consiste à ajouter, à une licence exigée de tous les étudiants, une nouvelle période d'études consacrée aux sciences politiques administratives. Aussi pensons-nous que c'est avec raison qu'on a cherché la solution du problème dans une répartition nouvelle des études de licence et d'une licence renfermée dans une période de trois ans.

Avant d'examiner avec détail le projet de répartition des matières proposées par Monsieur le Ministre entre les trois années d'études, il convient de remarquer qu'il s'agit d'un programme d'études de licence, c'est-à-dire de connaissances doctrinales présentant un ensemble complet et susceptible cependant d'être approfondies et poussées plus avant dans des études de doctorat.

Nous disons un ensemble *complet*, en ce sens qu'il doit se suffire à lui-même, fournir un élément fécond pour le développement de la pensée de celui qui l'a recueilli et lui permettre de se consacrer utilement à une fonction judiciaire, administrative ou politique au service du pays.

Nous disons aussi un ensemble de doctrines, une langue bien faite, des idées enchaînées et claires. Les Facultés de droit ne peuvent être des écoles professionnelles. Jamais l'enseignement ne pourra dispenser d'une initiation pratique ; ce qu'il peut, c'est de faire que cette initiation soit l'éveil d'une science vivante et non la routine d'une pratique aveugle.

Avant toute autre il faut résoudre encore une question générale, d'un intérêt scientifique de premier ordre, celle de l'enseignement du droit romain.

On a peine à concevoir que la suppression de l'étude du droit romain ait pu sembler possible à quelques esprits ; non, sans doute, pour ceux des étudiants qui suivraient les études juridiques proprement dites, mais à tout le moins pour ceux qui suivraient les études politiques et administratives !

Ce serait une mutilation véritable.

Sans parler de son influence sur les institutions du droit

public dans les divers États européens, la législation romaine a servi de point de départ et de modèle à l'élaboration des théories et des règles de droit privé.

Comment comprendre ces étudiants en droit appliqués, semblerait-il, à l'étude des sciences politiques et administratives, et qui seraient impuissants à se rendre compte de l'histoire de l'impôt ou du droit public des divers États? Leurs études mêmes de droit privé en seraient amoindries et rendues stériles. Ils y perdraient ce fruit principal de leurs études, cette conviction que les lois d'un peuple ne sont pas une création arbitraire ; qu'elles obéissent à des principes moraux et rationnels; mais qu'elles renferment en même temps un élément historique qui constitue un fonds commun et comme un élément d'unité supérieure des législations civiles en Europe et, par suite, dans tout le monde civilisé.

La connaissance générale et cependant précise des principes et du développement de la législation romaine doit former une partie des données essentielles à tous ceux qui se livrent à des études de jurisprudence. Elle s'adresse à ceux qui se consacreront à l'étude des sciences politiques et administratives comme à ceux qui s'adonneront aux études judiciaires proprement dites. Pour ces derniers, les connaissances du droit romain exigées aujourd'hui par les programmes de la licence ne doivent pas être amoindries et l'étude devra en être continuée pendant deux années.

La Faculté de Poitiers, non seulement donne une adhésion entière à la distribution proposée des études de droit romain, mais encore elle exprime l'espoir que cette répartition nouvelle sera féconde et favorable aux études de la section judiciaire à deux points de vue principaux.

Il est intéressant que les étudiants soient initiés, au moins dès la fin de la première année, à l'ensemble des idées que la science du droit peut offrir à l'esprit. L'exposition des doctrines peut ensuite être présentée d'une manière plus profonde, et être plus facilement comprise. Le cours général de droit romain « considéré surtout, dit le projet, comme introduction à l'étude « du droit français », suppléera avec avantage à l'absence de ces cours d'*introduction générale* ou d'*encyclopédie* qui n'ont pas réussi jusqu'ici à se faire une place durable dans l'enseignement de nos facultés.

D'un autre côté, le droit romain n'est pas seulement admirable par l'étendue des principes et la rigueur des déductions; il est aussi un modèle dans l'art d'exprimer les principes et de motiver les solutions. Ce côté esthétique apparaîtra davantage aux yeux des élèves de seconde année qui seront mis plus directement et plus pratiquement en contact avec les écrits des jurisconsultes romains.

Nous pouvons maintenant aborder l'examen de la répartition des cours. Le principe de répartition que nous avons accepté repose sur l'institution de quatre cours réguliers de trois leçons par semaine correspondant à quatre ordres d'enseignements différents dans chacune des trois années. Nous entendons que tous les cours et conférences soient obligatoires pour les élèves des sections auxquelles ils sont destinés. Nous nous rencontrons presque entièrement d'accord avec le projet proposé par M. le Ministre, en le simplifiant sur quelques points, conformément aux observations qui vont suivre.

PREMIÈRE ANNÉE

Les quatre cours de 1re année, déclarés communs aux deux sections, sont unanimement acceptés par la Faculté.

L'un des professeurs de droit romain, M. Bonnet, a très justement fait observer que le cours général de droit romain devait servir d'introduction à l'étude du droit français privé et public;

que, dès lors, il devait être bien compris qu'il aurait pour objet le droit public comme le droit privé des Romains. Les beaux travaux publiés sur le droit public de Rome et l'importance qu'il présente pour l'étude des premières périodes de notre histoire ne peuvent permettre, en effet, de le passer sous silence dans l'enseignement des Facultés.

La Faculté applaudirait à la création d'une chaire unique réunissant les enseignements indiqués au projet de M. le Ministre en ces termes : « Histoire générale du droit français (1er semestre); « Droit constitutionnel (2e semestre). »

L'histoire générale du droit français comprend, en effet, tout d'abord l'histoire de l'ancien droit public de la France. Mais l'étude de l'organisation du gouvernement, du rôle des communes, de l'autorité du Parlement et des autres juridictions, la recherche de l'influence des États généraux demeurent évidemment comme la plus belle préparation à l'étude des principes et des institutions qui forment le droit constitutionnel de la France moderne.

Il n'est point douteux que le cours d'histoire du droit français ne doive aussi renfermer l'histoire générale des institutions de droit privé. Mais, pour tout ce qui touche à la condition des personnes, au droit de famille et au régime des biens, le droit privé de l'ancienne France a reçu des principes du droit public une si profonde et si particulière empreinte, que la connaissance de ces institutions anciennes est encore une introduction nécessaire à l'étude des principes modernes de notre droit constitutionnel, de l'égalité des personnes, de la liberté du travail, de l'unité et de l'inviolabilité de la propriété.

DEUXIÈME ANNÉE

La Faculté admet pleinement les deux enseignements communs aux deux sections : *Code civil* et *Droit administratif*, et les deux enseignements destinés à la section judiciaire : la seconde année de droit romain et la procédure civile.

Elle remarque, sur l'observation de l'un de ses membres, M. Parenteau-Dubeugnon, combien il est nécessaire de maintenir cet enseignement annuel de la procédure civile en tant qu'il s'adresse aux élèves consacrés aux études judiciaires proprement dites.

La Faculté applaudit au troisième cours destiné aux élèves de la section des études politiques et administratives comprenant l'*organisation judiciaire*, la *procédure civile*, la *législation criminelle*. Ces connaissances sont d'une nécessité absolue dans toutes les branches de l'administration. L'organisation judiciaire et la procédure civile, qui règlent la marche des instances et les voies de recours, sont plus importantes à connaître pendant que la justice administrative se rapproche chaque jour davantage de la justice de droit commun. A un autre point de vue, ceux qui peuvent être appelés à représenter la France doivent connaître les règles suivant lesquelles notre justice pénale est exercée, ne fût-ce que dans les dispositions de nos lois sur les crimes et les délits commis à l'étranger.

La Faculté propose de modifier en un point le programme de cette seconde année destiné aux élèves de la section politique et administrative.

Elle approuve l'étude de la *science et de la législation financière ;* mais elle ne peut oublier qu'elle étudie un programme d'études de licence. Il lui semble que l'enseignement d'un semestre, comprenant régulièrement de 45 à 50 leçons, doit suffire à l'exposition de cette branche spéciale de la science. Elle pense qu'il est nécessaire de décharger le programme des cours relégués en troisième année, et elle propose d'adjoindre à ce cours sur la science des finances, le second semestre consacré au cours d'*Économie et législation coloniales.*

Dans la pensée de simplification qui l'inspire, la Faculté croit devoir, aux deux cours communs proposés pour cette dernière année, ajouter un troisième cours intitulé : *Cours de droit international public et privé*, de telle sorte qu'il n'y ait qu'un seul cours spécial à chacune des deux sections : le cours de droit criminel et un cours ayant pour objet le droit administratif approfondi et la législation industrielle.

A ces cours, la Faculté voudrait joindre pour cette 3ᵉ année deux conférences qui aient pour objet spécial l'une le droit maritime, l'autre le droit des gens approfondi et l'histoire des traités.

La conférence de droit maritime ne figure pas dans le projet proposé à notre examen par M. le Ministre. Mais ce complément du cours de droit commercial, à cause de l'importance des ports établis dans notre région de l'Ouest, reste pour notre Faculté particulièrement nécessaire.

Sauf cette addition de deux conférences, portant de 12 à 14 les leçons que doivent suivre les élèves de troisième année, la Faculté est restée fidèle aux principes qu'elle avait acceptés, le caractère obligatoire de tous les cours et conférences, leur répartition en quatre cours réguliers de trois leçons par semaine pour chacune des trois années d'études.

Elle aboutit ainsi au tableau récapitulatif suivant :

TABLEAU RÉCAPITULATIF

GROUPE D'ÉTUDES JUDICIAIRES	COURS COMMUNS	GROUPE D'ÉTUDES ADMINIS-TRATIVES ET POLITIQUES
1re ANNÉE	I. Droit romain (cours général). II. Histoire générale du Droit français et Droit constitutionnel. III. Droit civil. IV. Économie politique.	
2e ANNÉE III. Droit romain. Matières spéciales. IV. Procédure civile.	I. Droit civil. II. Droit administratif.	III. Procédure civile et législation criminelle. IV. Science et législation financière (1er semestre). Économie et législation coloniales (2e semestre).
3e ANNÉE IV. Législation criminelle.	I. Droit civil. II. Droit commercial. III. Droit international public et privé. Conférence de Droit maritime. Conférence de Droit international public approfondi et histoire des traités.	IV. Droit administratif approfondi (1er semestre). Droit industriel (2e semestre).

On voit comment la Faculté a envisagé la distinction dans chaque type d'études « des traits communs et essentiels et des traits particuliers ».

Cette distinction nous amène à constater que ces deux types d'études, si rapprochés l'un de l'autre, peuvent conduire à un grade unique : celui de la *licence en droit*. Ce résultat tient à l'importance absolue de ce qui forme le fonds commun des deux enseignements.

Sur l'observation de l'un de ses membres, M. Parenteau-Dubeugnon, la Faculté, acceptant complètement le principe de l'unité de grade, écarte toute idée d'une mention particulière sur le diplôme ayant pour objet de rappeler le groupe spécial d'études suivies par celui qui l'a obtenu.

Sans doute, il est facile de dire que l'identité de diplôme implique l'identité des études ; ou bien encore que décerner un diplôme unique à des études distinctes, c'est mettre la fiction à la place de la réalité.

Mais le fonds commun des études obligatoires pour tous nous paraît déterminé avec assez d'ampleur pour qu'on doive reconnaître que cette opposition est bien plutôt dans les termes que dans le fond même des choses.

Le minimum d'études communes aux deux groupes présente à lui seul un ensemble de connaissances plus considérable que le programme imposé naguères aux licenciés, quand les cours d'*histoire générale du droit français*, d'*économie politique* et de *droit international* n'étaient pas encore créés. Tout ce qui était alors exigé, en y joignant ces trois enseignements, reste obligatoire pour tous les étudiants. A l'égard du droit romain lui-même, on se peut souvenir d'un temps où les cours de licence ne comprenaient que l'explication des *Institutes* faite dans une seule année.

Il y a donc là un ensemble très solide de connaissances suffisant à justifier de l'aptitude à toutes les fonctions auxquelles conduisent les études de licence.

L'un des membres de la Faculté, M. Lecourtois, a exprimé la pensée que l'on devrait répartir plus également entre les trois années les matières comprises dans le Code civil ; et, par exemple, joindre à l'enseignement et à l'examen de première année l'étude des articles 711 à 717 du Code civil et celle de la prescription acquisitive. Cette modification du programme, bien que digne d'attention, n'est cependant qu'accessoire dans l'examen des questions soumises à la Faculté et qui impliquent un remaniement de l'ensemble même de l'enseignement.

La Faculté croit n'avoir pas à traiter des conséquences budgétaires ou relatives au personnel que la réforme proposée peut entraîner. Elle se borne à l'approuver dans son principe et dans presque tous les détails d'exécution soumis à son examen. Elle insiste seulement sur le caractère de simplification et de coordination que présente le programme des cours ci-dessus exposé, et elle exprime ses vœux pour qu'il puisse être ramené à une prompte et complète réalisation.

C. DE LA MÉNARDIÈRE.

Les conclusions de ce Rapport ont été votées par la Faculté de Poitiers, le 14 mars 1889.

5944. — Poitiers, Imprimerie Blais, Roy et Cie, 7, rue Victor-Hugo.